标杆精益系列图书

# 看 板 指 南

## ——精益实践者的分步指导

[美] 克里斯 A. 奥尔蒂斯（Chris A. Ortiz） 著

张 庆 译

机 械 工 业 出 版 社

本书为精益人员提供了实施看板操作所需要的具体方法和实操细节，有助于看板实施人员启动看板项目。

书中通过一系列图表，介绍了如何创建看板尺寸报告、进行周期盘点、零件识别、计算当前和未来库存成本等信息，如何将 5S 与看板相关联以建立有组织、有效的系统，并结合生产、维护和运输部门的实例，重点介绍了看板卡的创建与布局，为看板实施人员提供方向性指导。书中讲解了可帮助生产人员监控产量和工作流程的"双箱系统"和物料处理，并着重介绍了工序间看板（IPK），有助于将传统的推动系统转换成拉动系统。

本书有利于帮助实施看板管理的企业减少库存，发展拉动，创造目视化工作场所，减少产出时间。可作为精益改善的培训工具，适合精益从业人员和推行者使用，也适合准备开展单元化生产的企业管理者、员工参考。

The Kanban Playbook: A Step-by-Step Guideline for the Lean Practitioner/ by Chris A. Ortiz/ ISBN: 9781498741750

Copyright@ 2016 by Taylor & Francis Group, LLC

Authorized translation from English language edition published by CRC Press, part of Taylor & Francis Group LLC; All rights reserved. 本书原版由 Taylor & Francis 出版集团旗下，CRC 出版公司出版，并经其授权翻译出版。版权所有，侵权必究。

China Machine Press is authorized to publish and distribute exclusively the Chinese (Simplified Characters) language edition. This edition is authorized for sale throughout Mainland of China. No part of the publication may be reproduced or distributed by any means, or stroed in a database or trtrieval system, without the prior written permission of the publisher. 本书中文简体翻译版授权由机械工业出版社独家出版并限在中国大陆地区销售。未经出版者书面许可，不得以任何方式复制或发行本书的任何部分。

Copies of this book sold without a Taylor & Francis sticker on the cover are unauthorized and illegal. 本书封面贴有 Taylor & Francis 公司防伪标签，无标签者不得销售。

北京市版权局著作权合同登记 图字：01-2016-7536 号。

## 图书在版编目（CIP）数据

看板指南：精益实践者的分步指导/（美）克里斯 A. 奥尔蒂斯（Chris A. Ortiz）著；张庆译. —北京：机械工业出版社，2018.1
（标杆精益系列图书）
书名原文：The Kanban Playbook
ISBN 978-7-111-58846-7

Ⅰ. ①看… Ⅱ. ①克… ②张… Ⅲ. ①精益生产-生产管理-指南 Ⅳ. ①F273-62

中国版本图书馆 CIP 数据核字（2018）第 000064 号

机械工业出版社（北京市百万庄大街 22 号　邮政编码 100037）
策划编辑：孔　劲　责任编辑：孔　劲　责任校对：黄兴伟
封面设计：张　静　责任印制：李　飞
北京利丰雅高长城印刷有限公司印刷
2018 年 3 月第 1 版第 1 次印刷
169mm×239mm · 3.75 印张 · 44 千字
0001—3000 册
标准书号：ISBN 978-7-111-58846-7
定价：32.80 元

凡购本书，如有缺页、倒页、脱页，由本社发行部调换
电话服务　　　　　　　　　网络服务
服务咨询热线：010-88361066　机 工 官 网：www.cmpbook.com
读者购书热线：010-68326294　机 工 官 博：weibo.com/cmp1952
　　　　　　　010-88379203　金 书 网：www.golden-book.com
**封面无防伪标均为盗版**　　教育服务网：www.cmpedu.com

# 本书使用说明

在大多数情况下，指南是概括性地介绍一项运动或游戏的战略。无论是足球比赛、视频游戏，还是桌游，都会有一本指导性手册——指南，它为我们提供通俗易懂的使用说明，以及一些通用的信息。具体如何使用指南取决于使用者的个性化需求。

指南中包含图片、图表、快速参考、定义，并用详细的插图对某些部分进行说明。指南可以帮助你理解全部内容或某个关键部分，它最基本的要求是易于阅读和切中要点，并不包含过多的修饰。

本书专为精益实践者及精益推进人员所写。精益推进人员就像足球教练，他们可以使用本书作为快速入门的工具，并且能够很容易地传达所需要的内容；如果因为某些原因，在推进看板管理时忘记了某些具体操作，也可以参考本书。

你可以逐页学习本书，并用其来推行看板管理；你也可以直接参与到具体项目当中，通过使用本书来完成具体操作过程。

纵观带有精益哲学的改善方法，多为诸多生产问题提供了解决方案。作为一种强有力且有效的改善理念，精益不但可以防止企业失败，还能助力企业进入世界顶级运营之列。

我作为一名精益实践家已超过 15 年之久，并且参与过多起精益变革。无论你身处何种行业，生产何种产品，又或是你所在公司以何种制作工艺来达到产品的最终实现，你与其他人所面对的问题与改善机会是一样的。你所在的公司同其他公司相比并没有任何区别与例外。作为一名精益实践者，你会期望设备运行平稳、提前期降低、产能增加、生产率提高、柔性生产、面积有效利用、库存降低等等。组织可通过实施精益实现局部改善，也可以通过实施精益进行公司文化变革。无论你对精益的期望与目标如何，你都会和其他公司一样面对这样或那样的类似问题。走出我一直称为的"办公室精益"，亲身到现场实践。

精益就是卷起袖子，加油干，并由此做出改变。通过实施精益，随之而来的真正改变将会出现于产线、维修维护车间，及公司其他地方。许多公司会纠缠于无尽的培训与计划循环之中，却没有任何实际执行的痕迹。本书专为精益推行者提供训练方法及指导实践，你可以将其作为指导手册在工作区域内实施作业改善吧。

当前，关于如何合理实施看板管理，还没有哪一部书，哪一本手册，或是参考资料能够提供彩色图片，以及详细的分步指导。看板的实施属于人工密集型的活动，合理推进看板项目需要经验与方向。本书并非传统书籍，如你所见，它读起来并不像一般的精益商业图书。书中的插图皆出自真实的看板现场实践。同时，我将用简短的篇幅与简单的叙述相结合的方式来帮助你更好、更有效地实施看板管理。

要想充分理解本书的内容，并有所收获，需要了解浪费和各项精益指标的知识。因此，本书在前言中介绍了8项浪费和精益指标，但未过多地介绍高深的理论。然而这并不是说，高深的理论或商业战略缺乏价值，相反，它们具有很高的价值。因为本书仅针对实践指导，故而不会涉及过多的理论讲解。书中各章的内容分别为：

第1章通过一系列图表介绍了如何在工作区域创建看板数量报告，进行周期盘点和零件定义，设定最小、最大量库存，以及计算现在和未来的在库成本。

第2章介绍了如何根据已建立的库存，将5S和看板相结合，构建更加有序和高效的系统。

第3章重点说明如何设计和建立看板卡，并针对来自生产区域、维修区域和发货区域的多个真实案例，介绍了适合不同流程的看板卡的实施方法。

第4章介绍了双箱系统和物料搬运系统。双箱系统是一种简化的看板系统，但是，不需要使用看板卡，而是通过用来存放和储存原材料的料盒消耗来直接触发，以实现再订货。对于生产区域来说，因为双箱系统便于实施，而且能够帮助监控产出和产品的流动，因此这是一个非常好，而且容易实现的选择。物料搬运系统是所有精益流程环节中不可缺少的部分。本章介绍了物料搬运系统和使用看板系统人员的相关操作流程、物料搬运人员的角色，并通过案例和图表说明了如何在看板拉动补料系统中工作。

第5章聚焦于在制品（WIP）看板，或称为工序间看板（IPK）。当不能选择单元化生产方式时，工序间看板可以帮助你将生产方式从传统的推动系统转变为拉动系统。精益的推进者可以通过工序间看板降低库存，建立拉动系统，创建目视化管理，通过工序的流动化缩短生产周期。本章用多个案例展示了以上内容。

通过合理的规划和实施看板系统是非常有效果的。本书提供了大量目视化实例和具体实施细节，借鉴本书内容，在工作区域内实施看板系统，精益推进者可以带领你的团队走向成功。

## 1. 8 项浪费

作为精益的实践者和导师，我深知看板的强大。当你对自己的观点及库存提出挑战时，你将会看到整个公司的明显变化。同其他精益工具一样，看板会有效减少浪费，并且还有助于你重新认识 8 项浪费。你们中的许多人在阅读本书的时候就理解了浪费和精益的概念，对于刚刚接触精益的人，本书将对 8 项浪费进行简单的描述：

- 生产过剩的浪费
- 加工的浪费
- 等待的浪费
- 多余动作的浪费
- 搬运的浪费
- 库存的浪费
- 不良品的浪费
- 人员的浪费

**生产过剩的浪费**是指过早或过多地生产出产品。生产过剩造成空间占用，需要额外进行处理并存储，而且如果存储不当，还会导致潜在的质量问题。

**加工的浪费**是指采取不必要的步骤、重复检查和验证、过度加工。加工浪费通常体现在制造部对产品进行过度打磨、去毛刺、清洗或抛光操作。当机器没有得到正确的保养或仅仅是通过花费大量时间生产超出必要质量的产品，也是加工浪费。

**等待的浪费**是指重要信息、工具及物料没有准备到位而导致机器停止或空转，工人无所事事。工序间工作量和周期时间不平衡时也会造成等待的浪费。

**多余动作的浪费**是指工人在工作区域内或走出工作区域去寻找工具、零件、信息、人等所有需要却无法触手可及的事物。因为工序包含了大量的走动动作，导致周期时间增加，质量关注度下降，因此，所有需要的事物都必须按顺序放置在使用点，以便工人可以专注于手头的工作。

**搬运的浪费**是指在流程中不必要的搬运零部件或成品。通常需要使用叉车、手推车、托盘、千斤顶。不必要的运输通常出现在上、下道工序距离远并不在可见范围内时。另外大量的在制品将导致过多的搬运和潜在的危险。

**库存的浪费**指存储过多原材料、在制品（WIP）和成品导致大量资金占用。

**不良品的浪费**是指由于生产过程中发生的错误导致的产品返工，报废，保修索赔，及返工的时间浪费。

**人员的浪费**是指不恰当地利用人员的能力。人的成功与否取决于工作的过程。如果流程本身存在多余动作的浪费、搬运的浪费、加工的浪费、生产过剩以及等待和不良浪费，这就是在浪费人员的潜力。

看板系统可以帮助你减少上述 8 项浪费，推行看板系统将创造出更高效和盈利的公司。

我希望读者在读完本书后不仅能受到启发，而且能卷起袖子真正开始你的看板之旅。


## 2. 精益指标

为了有效衡量精益活动成果，通常需要建立可以测量并量化的关键指标，在生产现场，这些指标通常被称为关键绩效指标。精益是强大的改善工具，在降低提前期，提高产出，提高生产力等指标方面有深远的影响，有时候这种影响是不可思议的。在精益之旅中，我们推荐以下指标给读者作为参考：

■ 生产力/正常运行时间

■ 品质

■ 库存

■ 场地占用

■ 移动距离

■ 生产周期

## 生产力

生产力可以通过多种方式来衡量。当生产相同的产品所需投入减少时，就表示生产力提高了。投入减少也是减少浪费。看板系统可以减少或消除在无组织的工作区域搜索零件和材料相关的所有步骤和时间。一旦减少了找东西的时间，那么一天中就会有更多的时间可以分配和专注于工作。在这种情况下，产品的生产率则会最大化，相同数量的人员在同样的时间内可以生产更多的产品。更少的步骤+相同数量的人=更高的生产率。

### 品质

产品质量的提高更多地要得益于看板的推进，这对产品的内部质量有着很大的影响，例如可以减少产品的返修、报废等，并且可以确保正确的部件放置在工作区域。看板系统对库存水平提出了挑战，因为工厂库存越少，损坏越少，并且降低了材料由于长期储存而过时的可能性。

### 库存

之所以说库存很隐蔽，是因为大部分公司生产或维修一件产品时，会从三方面需要库存：原材料、在制品，以及成品。传统会计将库存视为一项资产，并花费大量时间试图降低单位成本。购买者通常会购买大量库存，以获得每个零件的折扣。一般的想法是，使单位成本下降，当最终使用或出售时，有更多的利润。但这种模式存在一个问题：需要承担成本。

运输成本是与存货有关的费用，这个成本是隐藏的，在产品成本计算模型中是不可见的。一家公司可能会从批量采购中获得5%的折扣。一旦订单到达，运送成本就会增加，直到库存被使用或出售时才结束。

### 场地占用

场地占用是额外的。需要开始查找滥用库存空间的地方，因为滥用库存空间将阻碍企业的成长。库存空间不应该用来存放垃圾或作为不需要物品的堆积地。

当企业管理不善，不需要的物品开始累积，越来越多的空间被用来存放不增值物品时，就将导致浪费增加。随着时间的推移，物品堆积越来越多，如工作台、垃圾桶、椅子、不用的设备、工具和桌子等，而宝贵的生产空间几乎没有了。企业常用的解决办法是增加空间而不是减少浪费和提高空间使用效率，例如扩建厂房、增加料架和货架。

你应该意识到稀缺的土地资源很妨碍公司的发展。土地资源应该是公司用来创造税收的增值收入，而不应用于堆放不用的杂物。要租一个或买一个生产厂区可以说是最高的营业成本。生产区域就只用于生产产品，尽管一个工厂可能用于堆放其他杂物，但生产区域应充分利用生产增值产品。例如通过改变生产产品的工艺路线或功能来增值产品。产线、生产设备都是用于生产的产品，因此要充分利用土地资源的作用。

### 移动距离

移动越远，耗时越多——这是对移动距离的最好解释。过长的生产流程将造成大量浪费，降低整体性能。此外，过长的生产流程将占用大量空间。移动距离表现为两种形式：工人走动的距离和产品搬运的距离。

移动距离关系到生产流程乃至整个企业的整体交货时间。当在制品数量超过需求数量时，空间占用增加，产线所需长度也将增加。随着移动距离增加，空间利用效率下降，工人走动距离增加，交货期延长。工序间等待时间也将增加，因此需要延长交货期以控制库存。

工作区域设计不合理会导致工人经常走动，并使工作区域变得杂乱，工人需要耗费更多的时间寻找必备物品。

### 生产周期

生产周期有时用于测量移动距离的减少，是指产品在生产流程中流动的时间。生产周期直接影响产品交付。产品流动过程越长，交付期越长。如果设备运行异常或停机，交货期将延长。如果不按正确的顺序和数量生产，交货期也将延长。

改善以上关键精益指标，运用它们衡量你的改善效果将对公司整体的财务成绩和长期发展都将产生深远影响。这些精益指标也可以作为生产过程的衡量指标，因为它们可以在车间直接进行测量。

生产工人需要在一个有效的环境中工作，以获得最佳的成本、质量和产品交付期。每个精益指标的改进都将促进其他指标的改进。当你成为更优秀的精益实践者，你对精益指标间的联系将会有更深的理解。

# 目◆录

# 第◆1◆章

# 周期盘点和基准线

## 1.1 引言

在开始使用看板系统之前，有一些初始的工作需要完成。本章会介绍各种不同的实施计划，将会有助于我们实施更加有效和用户友好的看板系统。

我们将会讨论以下内容：

- 创建看板数量报告。

- 周期盘点、部件定义、供应商和在库数。

- 诊断库存数量。

- 计算在库成本。

## 1.2 创建看板尺寸报告

看板尺寸报告（见表1.1）是一个可以用 Excel 制作的文件，用于进行统计周期盘点和建立实施的基准信息。

1

表 1.1  维修车间备件报告

| 类别 | 零件描述 | 零件号 | 供应商 | 单件成本/$ | 在库数量 | 总在库成本/$ |
|------|---------|--------|--------|-----------|---------|-------------|
| 设备 | 6#快速夹头 | FF-371-6FP | ACH | 7.5 | 13 | 97.5 |
| 设备 | 6#快速夹头 | FF-372-6FP | ACH | 7.5 | 13 | 97.5 |
| 设备 | 快速夹头 | STUCCI-M-A7 | ACH | 7.5 | 5 | 37.5 |
| 设备 | 快速夹头 | STUCCI-F-A7 | ACH | 7.5 | 4 | 30.0 |
| 设备 | 快速夹头 | STUCCI-M-FIR614 | ACH | 7.5 | 2 | 15.0 |

表 1.1 中各项分别表示：

类别：基于门类把现有库存进行分解归类。

零件描述：根据供应商提供的信息描述零件。

零件号：从供应商处订购的实际物料号。

供应商：订购零件的供应商名称。

每件成本：从供应商处采购的零件的平均单位成本。

在库数量：盘点时零件有多少在库数量。

总在库成本：每件成本乘以在库数量。

## 1.3  周期盘点、零件定义、供应商和在库

员工使用看板尺寸报告进行周期盘点（见图 1.1），以确保备件和零件的准确性。

给储存区的零件贴上信息标签（见图 1.2）有助于在实施过程中帮助看板卡与零件匹配使用。

图 1.1　员工使用看板尺寸报告进行周期盘点

图 1.2　储存区贴有信息标签的零件

## 1.4 识别新的库存数量（见表1.2）

表1.2 维修车间备件报告

| 类别 | 零件描述 | 零件号 | 供应商 | 单件成本/$ | 在库数量 | 总在库成本/$ | 最大库存量 | 最小库存量 | 再订购量 |
|---|---|---|---|---|---|---|---|---|---|
| 设备 | 6#快速夹头 | FF-371-6FP | ACH | 7.5 | 13 | 97.5 | 4 | 1 | 3 |
| 设备 | 6#快速夹头 | FF-372-6FP | ACH | 7.5 | 13 | 97.5 | 4 | 1 | 3 |
| 设备 | 快速夹头 | STUCCI-M-A7 | ACH | 7.5 | 5 | 37.5 | 4 | 1 | 3 |
| 设备 | 快速夹头 | STUCCI-F-A7 | ACH | 7.5 | 4 | 30.0 | 3 | 1 | 2 |
| 设备 | 快速夹头 | STUCCI-M-FIR614 | ACH | 7.5 | 2 | 15.0 | 1 | 0 | 1 |

有些人认为需要查看大量数据来建立新的库存水平。根据情况，可以去生产线看看。例如维修部门，他们只有零星的数据，简单的方法是问问部门内有经验的人员来建立新的库存水平。

你必须要去看每一个零件的使用量、供应商，以及交货周期，以确定新的最大和最小库存量。可能出现的是这个过程只在一开始有效，你可以在实施之后重新定义这些数据。

最大库存量：基于使用建立的最高库存水平

最小库存量：当零件订购之后的安全库存数量。

再订购量：当库存达到最小库存量，将会通过看板卡触发需求，订购补充到需要的最大库存数量。

## 1.5 计算新的在库成本（见表1.3）

表 1.3 新的在库成本计算表

| 零件号 | 供应商 | 单件成本/$ | 在库数量 | 总在库成本/$ | 最大库存量 | 最小库存量 | 再订购量 | 新的最大成本/$ | 差异/$ |
|---|---|---|---|---|---|---|---|---|---|
| FF-371-6FP | ACH | 7.5 | 13 | 97.5 | 4 | 1 | 3 | 30.00 | 67.50 |
| FF-372-6FP | ACH | 7.5 | 13 | 97.5 | 4 | 1 | 3 | 30.00 | 67.50 |
| STUCCI-M-A7 | ACH | 7.5 | 5 | 37.5 | 4 | 1 | 3 | 30.00 | 7.50 |
| STUCCI-F-A7 | ACH | 7.5 | 4 | 30.0 | 3 | 1 | 2 | 22.50 | 7.50 |
| STUCCI-M-FIR614 | ACH | 7.5 | 2 | 15.0 | 1 | 0 | 1 | 7.50 | 7.50 |
| | 之前所有在库金额 | | | 277.5 | 在库金额节约 | | | 120.00 | 157.50 |

最终的看板尺寸报告显示出之前的在库成本为277.5 $，新的看板尺寸报告显示出改善实施后在库成本为120 $。这只是一个小案例，但是如果按照这个方式来设计看板系统，它将会带来几十万甚至上百万美元的库存节省，这些数据取决于在库数量和单件价格。

有复杂得多的看板尺寸报告，其中零件数量的多少将会决定到这个报告将会有多大。现在，这份完整的报告将会帮助你组织存储区域和生产区域。使用最新的最大库存数量来决定物料盒、货架和工作区域的尺寸空间，以及总体车间的面积，之后，就可以用它来创建一个看板系统。

通常循环库存盘点的信息可以通过物料信息系统得到，比如用 MRP、

ERP，或者一些维护数据跟踪的软件。如果你确信物料信息系统的准确性，那么就可以继续后面的任务了。库存盘点表：最能够深入地反映当前的状态、采购习惯、零件的尺寸，以及不常用的库存。

一旦你完成了库存盘点、基准线设定、看板尺寸报告，你就准备好了设计实施看板系统。

# 5S和新的最大量库存

5S 是整理、整顿、清扫、清洁、素养的组合。

## 2.1 整理

整理是把工作区域内所有不需要的物件清除和丢弃的行动。在看板实施过程中，你的实施团队要开始整理不需要的、损坏了的，以及过期的库存。在这个整理的阶段，团队也需要根据看板数量报告中新设定的最大库存数量，把不需要的库存移除。当在根据看板数量报告重新设定库存数量的时候，你可以简单地移除过量的库存，并筹建一个使用消耗的序列，员工优先使用。当这些库存消耗完了之后，你可以开始建立新的看板系统。你也可以使用红牌（见图 2.1）标注这些库存，这样在这个消耗阶段来建立一个库存消耗清单让每个人都知道如何优先使用库存。

图 2.2~图 2.10 都是整理的情况。

图 2.2 中是超过最大库存数量过多的维修备件，应在建立正确的库存数量过程中设定存放区域。

图 2.3 是重新设置储存柜。

图 2.6 中是过量的瓦楞纸，可满足 4 个月的供应，但还从没有被消耗现在就废弃了。

图 2.1　红牌

图 2.2　过多的维修备件

图2.3 重新设置储存柜

图2.4 过多库存的堆放

图 2.5　整理出的过多零件和过量生产出的结构件

图 2.6　过量的瓦楞纸

图 2.7 是过多的焊接件和一些废弃的预装配件。

当建立新的储存需求时，总是使用看板数量报告中的最大数量。这些数量决定了在图 2.8 层板、货架、箱子的尺寸，以及所有物料所占的空间。如图 2.8~图 2.10 所示。

图 2.7　过多的焊接件和一些废弃的预装配件

图 2.8 所示保养品存放的特点是：

■保养品备件放在后面。

■架子的深度、高度、长度所占空间最小。

■存放架没有门：保证目视化和便于拿取。

图 2.9 所示零件存放的特点是：

■零件存放在工作范围内

■满足最小空间的需要即可。

■应调整层板高度使得高度最小。

图 2.8　保养品的存放

图 2.9　零件存放

**图 2.10 维修用零件的存放**

图 2.10 所示维修用零件存放的特点是：

■维修用零件放置在挂板上。

■不用柜子。

■减少库存数量。

■释放现场空间

■库存品放在挂板上。

## 2.2 位置名称

看板数量报告可以包含每个库存零件的位置信息。这些信息将打印在看板卡上，同时也会打印出来置于对应的物料存放架上。这为在工作区域内补料判断距离提供了快速参考。看板卡上的信息和存储位置是一模一样的。图2.11为包装站，位置情况如图所示。

图 2.11　包装站

图 2.11 所示的包装站：

■对应包装箱的四个货架。

■S1，S2，S3，S4：货架身份。对存储在货架中的部件就像一个地址一样。

# 第◆3◆章

# 看 板 卡

## 3.1 引言

    看板卡是一种用来触发库存需求的虚拟的信号系统。这些卡片根据需要配置在工厂的各个环节，对产出和生产效率有着非常显著的影响。看板卡可以配置在工作区域，当材料和备件消耗到低点时，看板释放信号给物料搬运工，来触发需求。看板卡包括所需的所有关键信息，包括物料号、物流描述、数量和位置，如图3.1所示。

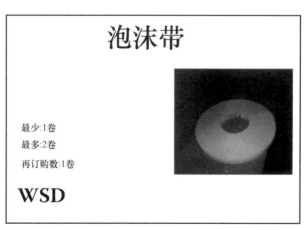

图 3.1　泡沫带看板卡

在向外部供应商的订货时也能够使用看板卡系统，但是通常需要花较长的时间来实施。本章介绍的为公司内部的看板卡系统。

## 3.2 看板的好处

■降低库存。

■降低成本。

■减少场地使用。

■减少动作。

■更好的目视化物料短缺。

■帮助向拉动系统转变。

■控制库存。

■建立稳健和可重复的系统。

## 3.3 看板的定义

■是日语"信号"的意思。

■用来拉动和触发工作（见图3.2）：

—在工厂内移动产品。

—订购原料和零件。

—订购供应商物料。

—文书工作需求。

—寻求帮助或者协助。

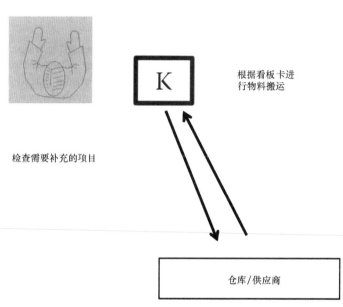

工作站1

K

根据看板卡进行物料搬运

检查需要补充的项目

仓库/供应商

图 3.2 看板卡拉动和触发工作

## 3.4 创建看板系统

具体过程是：

1）将物料分类。

2）移除所有不用的零件、材料、备件。

3）建立最大量：使用量是关键。

4）建立最小量。

5）建立再订购物料的信号或者数量。

6）保证合理的空间尺寸（更聪明的存储尺寸）。

7）组织实施 5S。

8）制作看板卡。

9）实施看板卡系统。

1. 将物料分类

■零件。

—支架。

—面板。

■材料。

—金属板材。

■车间备件。

—碎布、填充料、粘合剂、吸尘器、润滑剂、胶带。

■零件（见图 3.3）。

—螺母/螺栓/垫片，紧固件，等等。

图 3.3　零件

2. 建立最大量：使用量是关键

■了解使用量。

■建立最大数量。

■使用时间表：2天、3天，等等。

■最大程度合理地规划存储空间。

3. 更高的库存的利弊

■利：舒适的状态来减少短缺发生。

■利：降低物料搬运频次。

■弊：更多库存。

■弊：低库存周转。

■弊：高成本。

■弊：需要更多生产占地空间。

■弊：物料的目视化程度低。

4. 更低的库存的利弊

■利：更低的库存。

■利：高库存周转。

■利：较少的生产占地空间。

■利：物料的目视化程度高。

■弊：物料短缺后缓冲库存少。

5. **最大库存量案例**（见图3.4）

图3.4 瓶子数量

**6. 建立最小库存数量**

保证最小在手数量，可缓解补货期间的库存。

**7. 建立再订购信号或者数量**（见图 3.5）

■触发补货。

■订货信号转换到看板卡上。

■建立一个稳健的重复订货机制。

■保证每个人都遵循。

**图 3.5　建立最小库存数量**

**8. 再订购信号**（见图 3.6）

图 3.6a 中，橱柜尺寸合适，物品摆放有序，并配有看板卡；图 3.6b 中，红点是转换成看板卡的信号。当瓶子空时，翻转看板卡，并进行补料。

a)

b)

图 3.6 再订购信号

9. 备件看板系统（见图 3.7~图 3.10）

a)

b)

图 3.7　再组装区域

图3.8 再订购信号：把看板卡放置在"订购"盒里

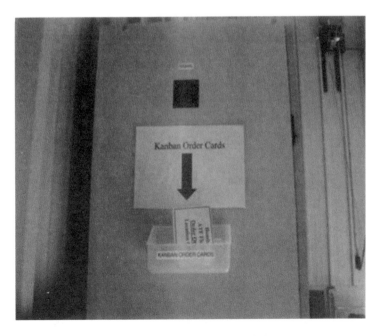

图3.9 将看板卡放到收集盒中

■信号："我有一个订单"。

■物料搬运工对此信号做出响应。

■没有信号？不需要做出响应。

图 3.10　信号

10. 备件交付，看板卡返回（见图 3.11）

图 3.11　看板卡必须有一个编号，以便能够回到原位

图 3.12　箱子看板卡

在图 3.12 中:

■白色看板卡被订单拉动。

■红色看板卡保持不动: 目视化指示＝订单已经被处理。

**11. 维修看板卡**（见图 3.13～图 3.14）

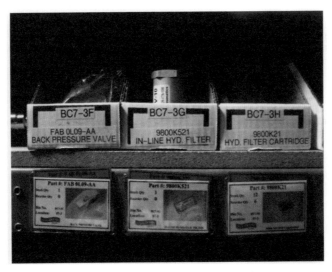

图 3.13　看板卡包含照片, 这样可以较快地识别

图 3.14　零件根据设备类别有组织的放置

# 第◆4◆章

# 双箱系统和物料搬运

## 4.1 双箱系统

◀◀◀

双箱系统是一种有效的看板管理，用来处理小的零件和硬件（见图4.1）。双箱系统最大的好处是用不着创建一套看板卡。在工作区域内，所有

图 4.1 小零件和硬件

使用双箱系统的零件会用两个料箱进行存放，每个料箱的库存相同。操作工一次只使用一个料箱，当箱子空了的时候，会将其放置在补料点或补料区域，如图 4.2~图 4.5 所示。空箱就相当于一张看板卡。两个满箱代表工作区域内的最大量。第二箱是最低的库存量，所以当一箱空了以后，就达到了最低库存量，这时就是订购的时间点。在第一箱被补料的过程中，操作工继续使用第二箱的库存。比较好的是也可以设定一些不同形式的灯光交流（安灯）系统，来提醒物料员物料缺料的状态，及时补料。

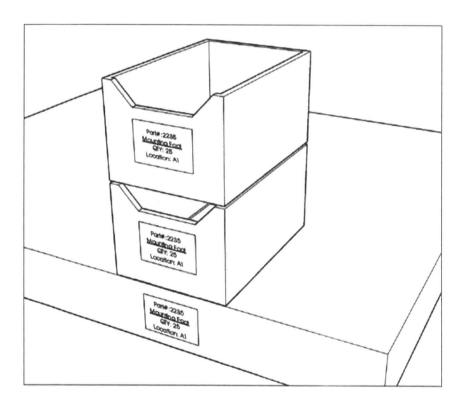

图 4.2　双箱系统设定

另一个好的经验是可以给每个不同区域的每个料箱或者标签设定不同的颜色。这样可以提供一个快速的目视化参考来判断料箱是否放置在正确的位置。

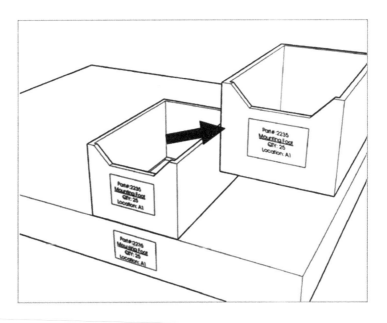

图 4.3　空箱被移除，并放置在补料点

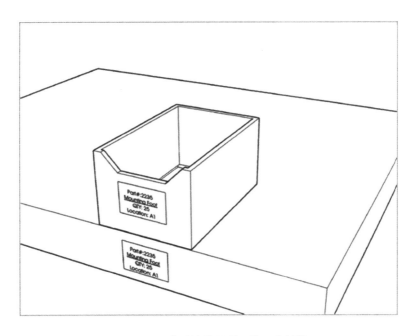

图 4.4　工人继续使用剩下的一个料箱

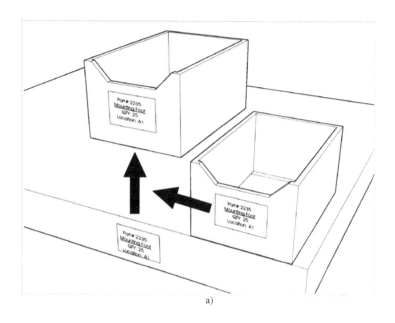

a)

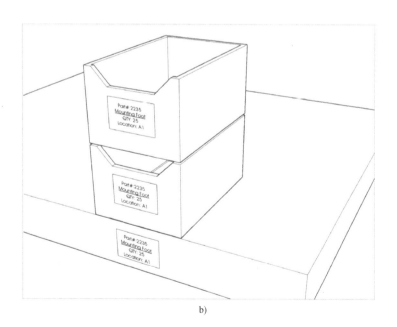

b)

图 4.5 为了先进先出（FIFO），补完整箱的料放置在下面

双箱系统的优点包括：

■双箱系统持续运行。

■操作工从不需要离开工作区域。

■不会存在物料短缺的情况。

■通过拉动使库存受控。

图4.6所示为贴有绿色标签的料箱，其中：

■货架上的标签定义了料盒具体的归属位置。

■所有的三个标签相同并配对放置。

图4.7中装料的第二个料箱放在第一个料箱的后面，物料搬运工从后方补料。

**图4.6 带有绿色标签的料箱**

图 4.7　装料箱的放置

## 4.2　物料搬运

　　物料搬运工是所有精益流程中的关键要素，通常会在生产区域实施。物料搬运工确保生产区域物料的流进流出，保证操作工可以专注于增值工作。许多公司把物料搬运人员视为公司资源的浪费，因为他们的工作往往被认为是间接的。直接进行生产的工人创造的价值可以通过生产产品，然后卖给客户给公司带来收益。作为间接人员，物料搬运人员给公司带来的价值只有拿走工资。虽然已经存在一些涉及直接和间接员工的观点，但是请允许我描绘一幅不一样的画面。

让我们想象一个赛车团队，有一个车手和一个后勤维修保障团队。当然在这个赛车团队中还有很多其他人员，比如管理人员，但是就让我们只看车手和后勤维修保障团队。车手可以被视为一个直接的操作工。他的工作是驾驶赛车，要用和竞争对手相比最少的时间完成需要的圈数。竞赛的行为是增值的，想象一下赛车手不得不走出赛车，在维修点做如下的一些事情：换轮胎、加油、擦窗户等。看起来挺愚蠢的吧，是不是？比赛肯定会输的。后勤维修保障团队的作用就像工厂系统中的物料搬运工一样，并且他们的工作是增值的。如果你对一次比赛的三次进站拍视频，并同时在屏幕上演示，他们每次的移动、花费的时间将被识别得很清晰。你会发现他们做什么、走到哪里、每次的步骤，等等。

再回到直接和间接员工，许多公司减少或者去除物料搬运工以试图削减间接人工成本。这些成本只在财务的账簿里面才会体现。生产线操作工（直接员工）这时需要自己拿取工作需要的原材料。虽然这些移动没有被记录，但是在操作工离开工作区域拿取物料的时间时，他们就已经变成了间接的员工。

如果确实需要这些搬运，为什么不安排操作工来进行这些工作呢？因为你正在损失产出，降低效率，增加生产周期，减少产能，并且由于操作工需要反反复复地转换工作，重新聚焦注意力，这样做还有可能带来潜在的质量问题。

包含物料搬运工是整个环节的一部分，更加重要的是他们所在的整个系统是否运行顺畅。本节介绍看板卡的使用和双箱系统的物料系统是怎么工作的。

1. 信号灯（见图 4.8）

信号灯的作用：

■ 灯光可对所有人释放出信号。

■ 是物料搬运时非常好的信号。

■灯光是工作站点空料箱或者看板的信号。

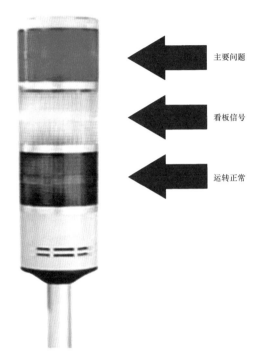

主要问题

看板信号

运转正常

图 4.8  信号灯

2. **看板卡或者料箱投放点** （见图 4.9）

■操作工放置空料箱或看板卡。

■打开灯释放信号给物料搬运工。

■物料搬运工走到料箱投放点。

■拿取看板卡和料箱。

■关灯。

■带着零件返回。

料箱投放点可以策略性地安排在工作区域内，并且让生产线上的每个操作工都可以分配到一个投放点。在分配的过程中，要保证物料的进出平衡。这会确保你不会胡乱地设定料箱投放点，并且不会让物料搬运人员负荷太重。

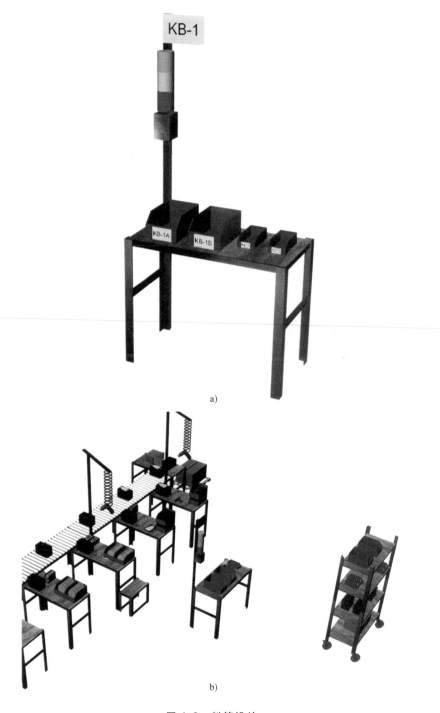

a)

b)

图 4.9　料箱投放

在很多情况下，生产线的流动可以用物料搬运系统的流动来校正。因为工作区域内的零件数量取决于库存最小、最大量的转换，零件应该按照产出流入流出。如果产出有任何问题，那么补料的信号将不会按计划出现。

图 4.10 为料箱及灯信号示意图。图中示出了工作站的位置、H3 展示料箱上标明了标签 H3 及空箱时灯信号的情况。

图 b 中，当空料箱被放置在投放点时打开灯。

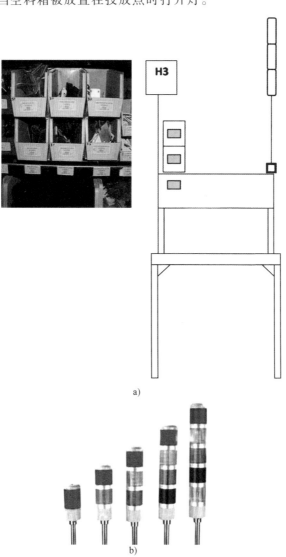

a)

b)

图 4.10 料箱及空料箱时灯信号示意图

# 第◆5◆章

# 工序间看板

## 5.1 什么是拉动系统

■根据内部或者外部客户的需求进行生产。

■根据其他工序的需要进行生产。

### 1. 外部和内部客户

■外部客户：是指实际采购最终产品的客户，包括经销商、分销商和最终用户。外部客户触发工厂内部的生产。

■内部客户：是指工厂内部的制造或者辅助工序，内部发送零件，原材料及备件。内部客户触发工序内的生产。

■这些工序相互提供工作时必要的物品，包括：

制造、油漆、装配、焊接、包装、储藏室或者仓库、制造控制。

### 2. 基于工艺过程（推动）（见图5.1）

### 3. 工序间看板（拉动）（见图5.2）

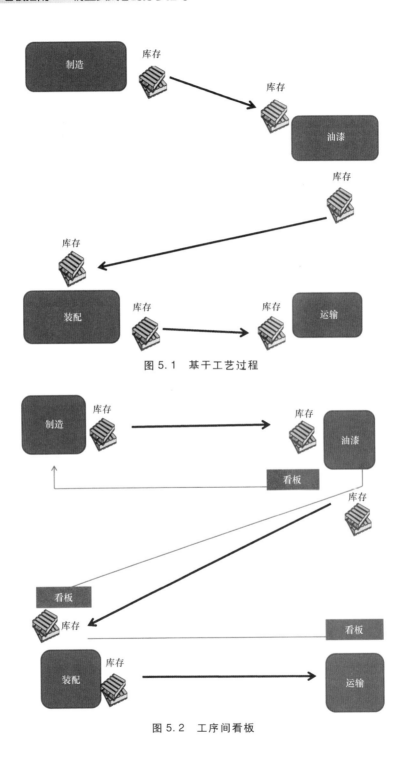

图 5.1　基干工艺过程

图 5.2　工序间看板

## 5.2 案例 ◀◀◀

下面制造流程根据产品需求看板信号生产产品的案例。

**1. 从油漆到装配的拉动系统**（见图5-3）

图5.3 油漆完的零件准备装配

**2. 物品在货架上有对应的地址**（见图5.4）

**3. 信息和信号**（见图5.5~图5.8）

■型号：消耗站点。

■绿色：货架已满，准备被拉动消耗。

■放置的位置和标识。

**4. 如何工作**

工作流程包括：

■绿色：货架已经满了，准备组装。

■装配工用完了货架上的零件。

■把标志变为红色（信号）。

图 5.4　货架上有图片、零件号、油漆数量、位置的标识

型号，消耗站点

绿色：货架已满，
准备被拉动消耗

放置的位置和标识

图 5.5　带有信息和信号的货架

a) 标有型号454和站点号SA1

b) 地面上和货架上物料型号和站点号一致

图 5.6 正确标识

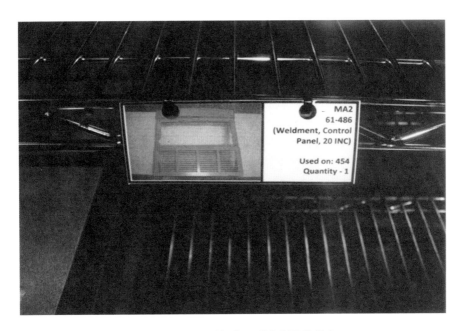

图 5.7　工序间看板体现所有需要的信息

图 5.8　可快速识别出零件被喷了错误的颜色

■进行卡片转换。

■油漆工只找红色的标志。

■拉动货架。

■阅读卡片并且喷漆。

■把标志变为绿色。

图5.9所示为简单的工序间看板，当货架放满，停止工序间看板动作；当零件被拉走，则开始工序间看板动作。

图5.9　简单的工序间看板

图5.10所示为外发锯区域的工序间看板，在该区域：

■下一站拉走，并进行焊接。

■满了＝停！

■空的空间＝开始！

图 5.10　外发锯区域的工序间看板

5. 焊接粉末涂层（见图5.11）

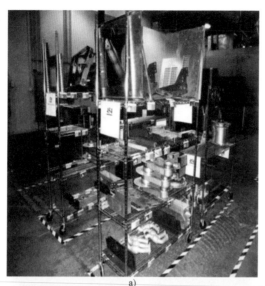

a)

b)

图5.11 工序间看板车及相关信息

图 5.11a 为工序间看板车，在图 5.11b 图中：

■最大量：3 件。

■绿色：满。

■红色：需要补货。

■减少过量生产。

■根据优先度生产。

6. 在粉末涂层车间的工序间看板（见图 5.12）

在图 5.12 中，有：

■先进先出道（FIFO）。

■进行类型区分。

图 5.12　粉末涂层车间的工序间看板

■手推车。

■减少生产时间。

■减少紧张度。

### 7. 可写的工序间看板

图 5.13 是锯操作流程的工序间看板卡：

■当下游工序需要零件时，填写看板卡。

■给锯工序分配工序间看板卡。

■锯工序有优先顺序。

■锯操作工拿取看板卡。

■根据看板卡信息进行切割。

■标有长度、大小、订单号、零件号等

图 5.13 可写的工序间看板卡

# 总　　结

　　成功的看板实施对所有不包含在本书中的精益工具具有意义深远的影响。减少过量库存、释放资金是对公司更有收益的一件事情。不是所有的公司都是一样的，必须分析每个零件及其供应情况，以确定最佳的补料系统从而实施更好的管控。首先从车间内部供应的零件开始，然后延伸到原材料和零件。从小开始，可以先关注储物柜里的零件，然后扩大到区域内的库存。

　　根据需求和用量的变化要每年重新定义你的看板系统。你可能也会发现第一次看板实施过程中数量计算可能会有偏差，然后你会需要再次改进。这很好，我不希望每次都一样。我也建议根据需要挑战你的最大量和最小量，创建一个灵活但是稳健的看板系统。

　　我希望本书提供了你需要的具体的实操细节，可以使你能够开始启动看板项目。我最终的想法是不要忘了物料搬运的威力和在整个公司内创建一整套物料移动的机制。物料搬运将是整个看板系统的监控系统，在上面投入的时间和金钱将会给你带来意想不到回报。

　　好运！

克里斯　A．奥氏蒂斯